मैं हूँ आरम्भ

21 मनोहारी कविताओं का संग्रह

स्वप्निल सौरभ सुभेदार (नागपुरवाला)

BookLeaf Publishing
India | USA | UK

Made with ❤ on the BookLeaf Publishing Platform
www.bookleafpub.in
www.bookleafpub.com

Dedication

यह पुस्तक मेरे **परिवार, मित्रों और मेरे कार्यस्थल/संस्थान** को समर्पित है, जिन्होंने मुझे लेखन की इस यात्रा को शुरू करने के लिए हमेशा प्रेरित किया है। उनके सहयोग के बिना यह संभव नहीं होता।

Preface

यह पुस्तक काव्य-जगत में मेरा **प्रथम प्रयास** है। मैं ईमानदारी के साथ यह स्वीकार करता हूँ कि न तो मुझे काव्य-प्रतिभा विरासत में मिली है और न ही मैंने कभी कवि बनने की आकांक्षा की थी। यह कहा जा सकता है कि मैंने अपने परिवेश में जो कुछ भी अनुभव किया, उसे ही काव्यात्मक रूप देने का प्रयत्न किया है। यद्यपि मैंने अपनी रचनाओं में व्यंग्य, प्रकृति और प्रेम जैसे विषयों का समावेश किया है, किंतु मेरी लेखनी मुख्य रूप से **भावनात्मक** और **सामाजिक विमर्श** से अनुप्राणित है। इस पुस्तक की रचना मैंने मात्र अपनी प्रतिभा के प्रदर्शन हेतु नहीं की बल्कि मेरे जैसे **नवागंतुक लेखकों** को लिखने हेतु प्रोत्साहित करने के उद्देश्य से की है।

Acknowledgements

मुझे अपनी अंतर्निहित प्रतिभा को व्यक्त करने का यह अवसर प्रदान करने के लिए मैं **'बुक लीफ पब्लिशींग'** के प्रति कृतज्ञता व्यक्त करता हूँ।उनकी सहायता के बिना मेरी आवाज़ अनसुनी ही रह जाती। मैं इस प्रकाशन संस्थान का सदैव ऋणी रहूँगा।

1. जुगनू का अंधेरा: कृत्रिम बुद्धिमत्ता (AI) और आधुनिक विश्व

देख अपने आप को! ऐ मानव
तू क्या से क्या हो गया
लिखता था गुफाओं में पहले
उन्हीं गुफाओं में कैद रह गया।

अंधकार था जीवन में जब तेरे
खुद उजाला बन उभर गया
देख तेरी मशाल से
तू ही रास्ता खो गया।

तू जंगलों का आदिमानव ही ठीक था
मनोविकास कम, स्वाभिमानी ढीठ था।
देख तेरा अस्तित्व अब कितना धुंधला हो गया है
जिसका ईजाद किया तूने, उसी का गुलाम हो गया है।

2. कुएँ की याद

कितना गहरा गाँव का कुआँ,
यादों का सेहरा गाँव का कुआँ।
महक उस माटी की पानी में छलके,
स्वाद उस माटी का होंठों पर महके।

कच्चे मकान, रंग-बिरंगे मौसम,
कुएँ की जगह मानो घर का दर्पण।
कौन आया कौन गया, वह इकलौता परिचारक,
उसने अपने स्वभाव से सबको दी ठंडक।

ऐसा वो दिन नियति ने लाया,
नये को पुराना रास न आया।
तिलक था जो उस घर के आँगन का,
लुट गई रातों-रात सैकड़ों घरों की पहचान।

3. सपनों का शहर (The Perfect World)

वो शहर भी क्या शहर होगा,
अमीर-गरीब का हमसफर होगा।
ना रास्तों पर सोए लोग,
ना गाड़ियों का तेज शोर।

वो शहर भी क्या शहर होगा,
जहाँ ऊँच-नीच का घर समान होगा।
ना दिलों के भेद,
ना बृहत् खयालों की सेज।

वो शहर भी क्या शहर होगा,
जहाँ हर रंग एक-दूसरे के समीप होगा।
ना जातीय दीवार,
ना निरक्षर का अपमान।

वो शहर भी क्या शहर होगा,
जहाँ खेतों का जल न कम होगा।
ना भूख की तलब,
ना लाचारी का शव।

वो शहर भी क्या शहर होगा,
जहाँ लिंग मतभेद न होगा।
ना समानता के प्रचार,
ना कोई महिला अनाधार।

वो शहर भी क्या शहर होगा,
जहाँ अराजकता का पतन होगा।
ना शब्दों का अनर्थ,
ना विचारों की जेल।

वो शहर भी क्या शहर होगा,
शायद न्याय भी उसमें ठीक होगा।
ना अपकारों की जीत,
ना उमंग की हार।

4. बाज़ारू जननायक

गाँव-शहर में सर्कस का माहौल छा गया,
देखो देखो मदारी फिर बंदर को नचाने आ गया।

खोखले वादे, ध्वस्त नीति लाए,
मूँछ ताने खड़े हैं ,चेहरे अनजाने।

चाबुक की मार से अनोखा खेल रच गया,
जो जिसका न था, वह उसका हो गया।

मासूम थे जो पहले, अब शातिर बन गए,
धौंस थी जिनकी पहले, अब वो शागिर्द बन गए।

गाँव-शहर में सर्कस का माहौल छा गया,
लोगों को हँसाने-गुदगुदाने जोकर फिर आ गया।

हीर-रांझे का प्रेम यूँ ही बदनाम है,
मेरे जननायक का देश-प्रेम सबसे महान है।

5. दकियानूसी नवयुग

भक्त बना लाखों में एक,
शेर बनकर दहाड़ लगाए।
दानव तो आखिर दानव है,
हृदयहीन बन शोर मचाए।

मर्यादा का पाठ पढ़ाए,
राजा का कर्तव्य बताए।
राकस तो अंतर्मन निकला,
दुष्कर्म का लोभ दिखाए।

प्रेम के सागर बहाए,
कर्मों का हिसाब लगाए।
रण का वह लाल इकलौता है,
कोख में किसीके सन्नाटा है।

महान सभ्यता की मिसाल बने,
ना खुद बँटे, ना बाँटी ज़मीन।

नियति को जो ललकारने चले,
ध्वस्त होकर भूतल में पड़े।

बाद में राजा लड़े, साम्राज्य बढ़े,
दिलों के मतभेद ना मिटा सके।
हुस्न के पीछे सब न्योछावर कर,
आपन दिल से हार खड़े।

फिर आए अँग्रेज़ बड़े,
खोखला कर दिया सारा देश ,
हीरे-मोती लेकर भागे,
पर छीन न सके साहस शेष।

बाद में जन्मे देश के नेता बाबू,
आपन देश के आपन ही खाएँ काजू।
जो बचा-कुचा था देश में,
उसी पर गिद्ध की तरह मँडराते फिरें।

इससे पहले तहस-नहस हो जाए यह जग,
मिट जाए हस्ती, काँप जाए इंसानियत।
आने वाला बल ही अब आखिरी सहारा है,
युगों-युगों का चक्र फिर जो घुमाना है।

6. रक्तरंजित

रक्त की ललकार है यह, रक्त की ही है दहाड़,
बिन गूंजे लहू सुनाए है वो प्राण अगाध।

है वो प्राण अगाध जो तकता ना राह हर रात,
देश काल पर न्योछावर कर प्राण निश्चिंत खिड़की की मोम बुझाए।

निश्चिंत मोम बुझाए जो लड़े प्राण संसार,
पीड़ाओं का दर्द छिपाकर गर्व से मुस्कुराए बेशुमार।

मुस्कुराए फिर भी वो प्राण आखिर खोया हो सपूत जिसने अपार,
मातृभूमि की रक्षा ही है जिनका ध्येय मन में ना कोई मलाल।

7. नारी - एक गहना

नारी तेरी अजब पीड़ा,
घर-घाट बोझ कांधे पर बीड़ा।
दिव्यास्त्र कलाईयाँ जो हाथों में साजे,
कई कलंकित समाज प्रेरणा से मांजे।

दर्द को तुम मुस्कुरा कर छुपाए,
खुशहाली के सदैव जो बीज पिरोए।
चमकीली जिम्मेदारियों का गहना पहने,
मौलिक ख्वाहिशें तिजोरी में संजोए।

ममता की ढाल बनाए,
सख्ती की तलवार उठाए।
महिमा का सागर सजाए,
करुणा के झरने बहाए।

अन्यायों की अबला बैरी जो है,

पल में कोमल, पल में चपल जो है।
मृदु वाणी की मिठास जो कहे,
बुलंद इरादों से क्रोध सुनाए।

ना हो उस दिन की कामना,
लांछित पड़ी नारी का सामना।
उगले धरती से लावा सा भीषण वो पल,
तहस-नहस हो जाए जग, स्त्री आँसू से निर्मल।

नारी जीवन कठिन जो ठहरी,
कुल का पहिया, नसीब की पहरी।
अब बस ईश्वर से है यही दरख्वास्त,
सदा ऊँचा रहे स्त्री के सिर का ताज।

8. पुरुष पीड़ा

तेरा जन्म ही नारी की देन है,
फिर कैसे तू मशहूर होगा?
तू समझना मत आपन को छोटा,
तुझपर ही यह देश निर्भर होगा।

तू झुका कभी ,फिर भी ना रुका कभी,
तू सयाना बन, केवल अपना भोलापन दिखलाया।
तू ना सहमा कभी, ना बोला कुछ,
झूठी मुस्कान तेरी, सदा बोली सच।

भले तू हो ना सका वो बड़ा कुछ,
तेरा अस्तित्व ही तेरी पहचान है।
तेरे कण में ही जग समाया,
हर स्वयं में ही तू महान है।

तेरा आक्रोश था कभी जिसपे,
भूल मत वो तेरा ही प्रतिबिंब है।

पुरुष, ओ पुरुष!
जन्म तेरा दुर्बोध!

हाय तेरी गजब लाचारी
तू वानर सारा जग मदारी।

हर बोझ कांधे ढोये तूने हृदय में हर गम रखा है,
अरे मत छिपा आंसू अब तेरे चेहरे का नकाब उतर चुका है ।

9. देश की पुकार

किससे करूँ अपने दिल की गुहार,
ये लोग अपने, ये देश अपना।
पोंछूँ आँसू मेरे या तेरे,
ये देश अपना, सब अपना।

किन सपनों को मैं करूँ पूरा,
आँख खोलूँ तो पाऊँ अंधकार।
किस आँगन का मैं बनूँ दीया,
जब खुद को ही पाऊँ निराधार।

दिल में थी जो मलाल,
क्या उतार फेंकूँ वो भड़ास?
जिन कुछ लोगों ने ना दिया कभी साथ,
भला कैसे करूँ उन्हें उदास?

गाऊँ नग्मे देश गौरव के,
या सहता रहूँ मैं शांत?
जिस माटी की उपज हूँ मैं,
आखिर कैसे ना रहूँ उससे वफादार।

10. सुंदरता की मूरत

उस चेहरे का दीदार हो हर पल,
ख़यालो में सोचता।
पर कैसे सोचता?
ख़याल भी तो पराए हैं,
भला इतना खुदगर्ज़ कैसे बनता?

उस चेहरे पर लिखना चाहता था
हज़ारों शब्द।
पर कैसे लिखता?
डर था यही मन में,
उस चेहरे को कौन कैसे पढ़ता?

उस चेहरे का रस पीने की
हमेशा आस करता।
पर कैसी आस करता?
रसभरे होठों का रस पाने,
कैसे भला एक फूल कुर्बान करता?

उस चेहरे का नूर इतना लाजवाब,
मर मिटने का मन करता।

पर कैसे मरता?
जीने की उम्मीद थी जो,
भला उस उम्मीद से बेवफाई कैसे करता?

11. आखिर कब तक?

एक रुपैया जेब में बाबू
एक रुपैया किस किससे साझू?
चवन्नी की मलाई कोई खाए,
अठन्नी की चटनी कोई पचाए।

एक अरज़ जेब में बाबू
एक दरख्वास्त कितनी मांजूँ?
चप्पलें कोई घिसवाए,
इतिहास कोई लिखवाए।

एक कसक दिल में बाबू
एक ही लाचारी कितनी बार दोहराऊं?
मरे को ज़िंदा कराए,
जीते की मौत आ जाए।

एक शिकायत दिल में बाबू
एक ही दृश्य कई बार देखू।
मालिक की हाँ में हाँ मिलाये,
शाबाशी की मिठाई खाए।

एक उम्मीद दिल में बाबू
दृढ़ निश्चय से खुद बन जाऊं बाबू।
भ्रष्टाचार डर के भाग जाए,
लापता सुशासन दफ्तरों में लौट आए।

12. कोयल की हाँक

इक बगिये से इक बगिये का सफर,
थोडा कठिन, थोडा सरल,
ना अंजाम की फिक्र, ना गिरने का डर ।
ऊंचाईयों से देखने मिले नज़ारे हज़ार कई,
कहीं उठा धुआ, तो कहीं दिखी बाढ़,
बादलों की छाँव में मिला सुकून जरूर।
पेडो की छत्र में नये घर मिले कई बार,
पर वो इक बगिया यादों के परे हो गया,
गरम-शीत का प्रकोप घना हो गया ,
शायद अब तो संभला जाए ,
वरना नन्हा पहाड़ ढेह जाएगा,
आसुओ का सैलाब बह जाएगा।

13. शमशान की आग

एक ही भय सताता है
महानगर का शमशान डराता है।

व्यस्त सड़कें, भीड़ वाला मोहल्ला
बंद से घर, छोटा सा शमशान
क्या मेरी रूह रास्ता भटक जाएगी?
क्या मेरे शव को थोड़ी जगह मिल जाएगी?

मैंने रखी दावतों पे था जो मौजूद
क्या वो दोस्त मेरा ठहर जाएगा?
या राख ठंडी होने से पहले घर लौट जाएगा?

जिसको मैंने चाहा था बेशुमार
क्या उस हस्ती को याद मेरी आएगी?
घूमता था जिस घर के नीचे सुबहो शाम
क्या मेरी रूह वहां से कभी निकल पाएगी?

जिनका था आशीर्वाद सिर पर मेरे
अब बस उनसे मिलने की है तमन्ना

सुकून से राख को मेरी बहा देना
इस भीड़ से लड निकलने का अब मुझमें साहस नहीं।

14. जीवन दुख सा

जिंदगी किस मोड़ ले जाती
जो न सोचा वह दिखलाती
ख्वाबों को ठुकराती।
हम हैं केवल निमित्त मात्र
जिंदगी की डोर कितनी नाजुक
हमेशा नियति एहसास दिलाती।
शान-ओ-शौकत केवल नुमाइशी
जिसे सँजोने की सदा जद्दोजहद
सब खो जाने का डर इकलौता बेशकीमती।
शरीर केवल साधन पात्र
रूह की तपिश बेमिसाल
मन को कर दरकिनार
फिर क्या सुख क्या दुख।

15. बचपन का समाचार

धुंधली यादों की खिड़की, आँख मिचोलते जब मैं खोलता हूँ,
शायद बचपना ही है मेरा, सामने बचपन ही पाता हूँ।

मिट्टी के घर, बरामदे की महक
खुला आसमान, संघर्षों की ललक।

पाठशाला का स्थान कितना पावन
हर छात्र का मानो प्रेरणा स्थल।

सुख या दुख, आस-पड़ोस के लोगों का साथ
लोगों से बनता गाँव, गाँव का मासूम बचपन।

गुब्बारों की ऊँची उड़ान
या कुल्फी की रसभरी मिठास
बचपन की याद मानो जीवन का स्वर्णकाल।

तुलसी के आँगन का दीया हाथ लिए मैं सोचता
भविष्य की आहट से थोड़ा झंझोरता
ना जाने कब यादों का घर ढह जाएगा
ना जाने कब फिर बचपन लौट आएगा।

16. गांव की धूप

गांव की धूप बड़ी सताती है
शहर जाते ही अपनी याद दिलाती है।

दिन उजाला, धूप मद्धम
तारों की बारात, सन्नाटे की रात
जिस बरामदे माँ चूल्हा जलाएं
पेट धुएं की महक से भर जाए।

शांत सड़कें, सर्द मौसम
कोयल गाए सुरीली सरगम
नदी के किनारों की सांझ पुकारती है
शहर जाते ही गांव की याद दिलाती है।

गांव की मिट्टी का रंग सुनहरा
उन घरों पर मासूमियत का सेहरा
तीज त्योहारों की गूँज सुनाती है

शहर जाते ही गांव की याद दिलाती है।

खेतों की हरियाली गांव का कंगन
पशुओं का निवास, घर का आंगन
सहानुभूति के ढेरों पाठ पढ़ाती है
शहर जाते ही गांव की याद दिलाती है।

अब केवल यादों की टोकरी में गांव रह गया
शहर की चकाचौंध में देहाती कहीं खो गया
इस मातृभूमि से यही है दरख्वास्त
न आने देना उन यादों पर कोई आंच।

17. जंगल का धुआँ

कटे जंगल, उठा धुआँ,
फ़िज़ा महकी, फिर एक रूह तड़पी।

सरहद हमने बाँधी कई बार,
सरहद को समझ बैठे निजी अधिकार।

बुद्धिजीवियों के जंगल में एक और धुआँ उठ गया,
शायद लोभ के साधन का अंत में पर्दा उठ गया।

18. शीतल छाँव

कंबल ओढ़े सड़कों पर बिछे लोग,
नियति के आगे झुके लोग,
मलमल ओढ़े जो सोए दरबारी,
क्या कराहें वो लाचारी।

शीत का प्रकोप बड़ा घना,
जिससे बचना चाहें सभी प्राणी,
बच भी जाएँ अगर,
क्या जिताए वो लड़ाई।

ठंड का कहर गहरा है,
दिन-दुपहरिया का पहरा है,
सांझ की आहट करे शोर,
कौन भिखारी, कौन चोर।

19. नदिया हिंद की

सिंध से जन्मी भाषा हिंद,
गंगा सी निरंतर बहती भाषा हिंद।

उत्तर में पावन किनारों के तट से '**तोहार-हमार**' के रसीले पान सी महकती,
तो कभी '**मेन्नू-तेन्नू**' वाले ताऊ के सरसों के खेतों पर मंडराती।

कहीं '**खम्मा घणी**' से आतिथ्य सत्कार करती, तो कहीं घेवर के गोल रस में '**घणो**' घूम जाती।
पश्चिम में '**अचीजा-किया आयो**' से हाल पूछती,
तो कभी '**तमारे-म्हारे**' संग गरबा का खेल खेलती।

पर आगे का रास्ता कठिन, थोड़ी राह पाता है,
अधिकतर बेचारी दक्षिण में कहीं गुम हो जाता है।

मध्य भारत पहुँचते ही '**अपन**' का खोया रूप पाती है,
शायद सबसे ज़्यादा लोकप्रिय बन जंगलों, गाँवों और शहरों के **दिलों**
में अपनी जगह ढूँढ लेती है।

फिर पूर्व में जाते ही कई शाखाओं में बँट जाती,
थोरी लगती **मधुबनी** नक्काशी,
कभी '**अमार**' का तीखा स्वाद चखाती,
तो कुछो '**सोंदेश**' में घुल जाती।

अंत में ऊपरी प्रदेशों में जाते ही नई ऊँचाइयाँ छूती है,
कभी बादलो पर '**जिकुड़ी**' बन लहराती,
कभी '**पशमीना**' बन ठंड में सहलाती।

भाषा यह पुरातन की सबको साथ लाती है,
अपनी ममता भरे आँचल में सबको समाती है,
आखिर बोली यह सिंध की माटी से जुड़ी है,
भाषाओं के रणांगन में सालों-साल डटकर जो खड़ी है।

20. बहुरूपिया कवि

क्या ही लिखूँ मैं अब?
यदि सच लिखूँ,
तो दिखूँ पीड़ित।
अगर झूठ लिखूँ,
तो कहलाऊँ बेईमान।
क्या ही कहूँ मैं अब?
अगर कुछ गलत कह दूँ,
तो परवरिश पर सवाल।
अगर कुछ सही कह दूँ,
तो कहलाऊँ मुँहफट रुबाब।
क्या ही लिखूँ मैं अब?
अगर किसी का ज़िक्र करूँ,
तो मेरी फ़िक्र किसे?
यदि तारीफ़ किसी की करूँ,
तो किसी के ताने क्यों सुनूँ।
क्या ही कहूँ मैं अब?
जो कभी किसी ने सुनाया नहीं,
यदि किसी की कही फिर से दोहराऊँ,
तो मैं कोई कवि नहीं।

21. बुलंद हौसला

क्या चींटी कभी बोझ का कराही है?
मौसम की मार से छोटी सी कहाँ शांत बैठी है?
बड़े से बड़े अस्तित्व को ललकारने की क्षमता जो रखती है,
हर कड़वी परिस्थिति में अपनी मिठास बरकरार रखती है।
जब हौसला है बुलंद तो क्या आरंभ क्या अंत।

सरहद पर लड़ते नौजवान सीना तान,
क्या घर की याद से वे कभी दुखी होते?
गोली लगने के डर से क्या वे कभी रुकते?
मातृभूमि को ही जो सर्वस्व मानते, केवल उसके हर कण का संरक्षण जानते।
जब हौसला है बुलंद तो क्या आरंभ क्या अंत।

है वो हर खून का नाता संघर्षी,
जिसका कोई अपना जिंदगी की लड़ाई लड़ रहा है।
जिसे फिर घर की चौखट पर लाने की ठानी हो,
क्या वो परिवार भला कभी हिम्मत हारा है?
जब हौसला है बुलंद तो क्या आरंभ क्या अंत।

कितनी निर्मल वह गौ माता है,
जिसने अपना दूध बछड़े से ज्यादा औरों में बांटा है।
वह जो अपने दूध से सारा जग आबाद करने का सामर्थ्य रखती है,
क्या अपनी कोख की परवाह उसने कभी की है?
जब हौसला है बुलंद तो क्या आरंभ क्या अंत।

है वो भी सफल जो कभी नकारा था।
हर चुनौती से उठ खड़े होने का जिसका इरादा था।
क्या कभी किसी पराक्रमी ने मौका न मिलने की शिकायत की है?
क्या रोते पड़े रहने की उसने कभी कामना की है?
जब हौसला है बुलंद तो क्या आरंभ क्या अंत।

साहसी वह नारी है जिसके माथे न कोई सिंदूर।
जिम्मेदारियों को जो कभी बांट न सकी बेचारी ,
पर समाज-संसार से जो निहत्थे लड़ी।
क्या कभी अपनी संतान को अधूरे शब्द का एहसास दिलाती?
जब हौसला है बुलंद तो क्या आरंभ क्या अंत।

काले बादलों के प्रभुत्व में कभी छिपता,
कुछ दिन स्वयं को सिकोड़े रखता वह ऊर्जावान रवि।
क्या कभी बादल न छंटने की फिक्र करता?
क्या कभी फिर न दिखाई देने से डरता?
जब हौसला है बुलंद तो क्या आरंभ क्या अंत।